Das Buch

Der Frage, warum sich die Menschheit seit Tausenden von Jahren nur einseitig entwickelt und immer wieder gerade im Bereich der Menschlichkeit an ihre Grenzen stößt, wird in diesem kleinen Buch auf den Grund gegangen.

Es wird Ihnen der noch mögliche Weg aufgezeigt, auf dem auch Sie mitwirken können und sollten, um den ständigen Kreislauf von Krieg, Elend und der Zerstörung unserer Umwelt zu durchbrechen sowie unseren Kindern eine lebenswerte Zukunft zu sichern. Zudem finden Sie hier eine einfache Anleitung für ein Eigenstudium, welches Ihnen ermöglicht, in wenigen Wochen mehr unverzichtbares Wissen im Bereich der Geisteswissenschaften zu erlangen, als sie es sich je erträumt hätten. Noch ein kleiner Satz zur Seitenanzahl dieses Buches:

„Die Größe einer Schatzkiste ist bei weitem nicht so wichtig wie der Wert ihres Inhalts".

Der Autor

Forest R. Rickley lebt im Herzen Europas und erforscht seit über 30 Jahren die positiven sowie die negativen Parallelen und Wiederholungen in der Geschichte der Menschheit.

Die dadurch gewonnenen, teilweise erschreckenden Erkenntnisse hat er auf das Wesentliche gebündelt in diesem kleinen Werk zusammengetragen, damit die verborgenen Ursachen der negativen Wirkungen auf unserem Planeten ein für alle Mal erkannt und danach ausgeschaltet werden können.

Forest R. Rickley
Wissen versus Glauben

Der vergessene Schritt in der Evolution

Bibliografische Information der Deutschen
Nationalbibliothek:
Die Deutsche Nationalbibliothek verzeichnet
diese Publikation in der Deutschen
Nationalbibliografie; detaillierte
bibliografische Daten sind im Internet über
http://dnb.dnb.de abrufbar.

Herstellung und Verlag: BoD – Books on
Demand, Norderstedt

ISBN: 978-3-7448-1850-6

Inhalt

Versus

Herkunft:
Lateinisch

Bedeutung:
Im Vergleich zwischen/
Gegenübergestellt

Vorwort

Um eines vorwegzunehmen: Dieses Buch wird Sie weder ihres Wissens um die Existenz einer höheren Instanz berauben, noch wird es Sie einer neuen Glaubensrichtung in der Form einer Religionsgemeinschaft oder ähnlichen Institution zuführen. Es wird Sie allerdings auf Basis von alten und neuen Erkenntnissen von den Ungewissheiten befreien, welche dem größten Teil der Menschheit bis heute die dringend notwendige seelische und geistige Weiterentwicklung versagt haben. Sie werden also etwas sehr Wichtiges und Notwendiges tun können: Sie werden Ihren Glauben durch Wissen ersetzen, ein Wissen, welches schon seit Ihrer Geburt tief in Ihnen verankert ist. Sie werden feststellen, dass vieles sehr viel einfacher, logischer und selbstverständlicher ist, als es Ihnen je in einer Synagoge, Kirche, Moschee, einem Tempel oder gar durch ein "Heiliges Buch" vermittelt wurde. Und Sie werden erkennen, wer und was es so kompliziert gemacht hat, dass es ständig wieder zu Konflikten, Kriegen, Hungersnöten, daraus entstehenden riesigen Flüchtlingsströmen und auch terroristischen Anschlägen kommt. Im Weiteren werden Sie erfahren, was wir ab sofort ändern können und müssen, damit das Ganze nicht weiter eskaliert. Die daraufhin erfolgenden positiven Veränderungen werden uns alle vor einer Reihe sonst unweigerlich bevorstehenden Katastrophen bewahren und dann zum ersten Mal in der Geschichte der Menschheit in ein friedliches, aber dennoch absolut spannendes Zeitalter mit fantastischen neuen Erkenntnissen führen.

Warum wir glauben

Das Wort Glauben muss hier vorher noch genauer definiert werden. Wir unterscheiden dafür zwei Arten von „Glauben". Der allgemeine, gleich noch genauer beschriebene Glaube, bezieht sich auf unsere vage Vorstellung von einer Art Gottheit, welche dem Menschen durch seine Religion, also von Geschichten aus Büchern, von geistlichen Oberhäuptern und den Lehrenden ihres "Glaubens", vorgegeben wird. Der wirkliche "Glaube" an das Gelingen eines Vorhabens, an den Erfolg von anderen und sich selbst ist die andere Auslegung für das Wort "Glaube". Die positive Einstellung gegenüber einer guten Sache und zum Beispiel der Glaube daran, dass sich die einzelne Begebenheit zum Guten wenden wird, ist wahrhaftig und kann sinngemäß auch „Berge versetzen." Denn: Unsere Gedanken sind die Ursache, alles andere ist nur die aufgrund unserer gedanklichen Vorgabe resultierende Wirkung, welche dann auch in den meisten Fällen zur Wirklichkeit wird. Doch nun zuerst einmal zum „Glauben" im religiösen Sinn.

Sehen Sie sich den Verlauf der Weltgeschichte einmal „von oben" an, aus einer objektiven Sichtweise. Um das tun zu können, gehen Sie einfach folgendermaßen vor: Ignorieren Sie jetzt für einen Moment Ihre anerzogenen und angelernten Vorstellungen in politischer und auch religiöser Hinsicht. Versuchen Sie einfach, die Situation auf unserem Planeten als ein Außenstehender zu betrachten. Sie werden nun unweigerlich feststellen: Unsere technischen Errungenschaften befinden sich in einem sehr weit fortgeschrittenen Stadium, unser stets zunehmendes Wissen in vielen Bereichen der Wissenschaft beflügelt die immer schneller werdende Weiterentwicklung von Dingen, welche vor 50 Jahren noch als absurd und unmöglich bezeichnet wurden. Die Menschen wissen im Gegensatz zu vor 500 Jahren, dass die Erde nicht der Mittelpunkt des Universums ist. Da wir dieses Wissen angenommen und auch andere heute als irrsinnig zu bezeichnende alte Vorstellungen zu Gunsten der Wahrheit aufgegeben haben, wurden uns im Bereich der Medizin, Technik, Bildung und auch des Lebensstandards Tore geöffnet, welche vor gar nicht allzu langer Zeit als nicht existent galten. Dieses Wissen wurde immer durch Erforschung des jeweiligen Themas erlangt. Wissenschaftler und andere Forscher nahmen sich dafür ein Rätsel nach dem anderen vor, um dieses so genau wie möglich auflösen zu können. Dadurch wurde Stück für Stück Wissen freigelegt, ein Wissen über Dinge, welche schon immer da waren, allerdings bis zu diesem Zeitpunkt noch nicht erkannt wurden. Die Menschheit profitiert ständig von diesem immer größer werdenden Erkenntnisschatz, sei es im Bereich der Gesundheit, Technik oder der Psychologie. Beispiele gefällig? Früher wären Sie an einer banalen Blinddarm-entzündung gestorben. Einhundert Prozent sicher. Der graue Star hätte Sie überall auf der Welt Ihr Augenlicht gekostet und die Grippe hätte Sie, wie auch die Pest, mit ziemlicher Sicherheit dahingerafft. Wenn Sie damals auf See verschollen wären, hätte Sie kein Mensch gesucht, da Sie ja vielleicht über den Rand des Meeres hinausgestürzt und sowieso verloren waren. Ganz davon abgesehen, hätte man Sie ohne die heute zur Verfügung stehenden technischen Hilfsmittel nur in den seltensten Fällen finden und retten können. Noch vor gar nicht allzu langer Zeit (und teilweise heute noch in einigen Regionen unserer Welt) wurden Sie sogar aufgrund außergewöhnlicher Fähigkeiten oder einfach, weil sie der Norm nicht entsprachen, "therapiert" und sei es einfach nur die Linkshändigkeit, welche der daran „erkrankten Person" ausgetrieben werden musste. Da sind wir zwischenzeitlich in vielen Ländern doch einfach froh, dass wir durch neuzeitliche Erkenntnisse von einem Haufen Dummheiten befreit wurden.

Welche Institutionen haben sich aber immer wieder mit aller Macht gegen Veränderungen durch neu erlangtes Wissen auf all diesen Gebieten gesträubt? Wer hat so lange wie nur möglich verhindern wollen, dass man z.B. einen toten Menschen „genauer unter die Lupe" nahm, selbst wenn dieser vor seinem seelischen Weitergang den Wunsch äußerte, seine sterblichen Überreste der Medizin zur Verfügung zu stellen, damit später durch Erforschung seines tödlichen Leidens anderen geholfen werden konnte? Wer hat die Menschen, welche fortschrittlich dachten und alte Rituale in Frage stellten, verfolgt, gefangen gehalten, gefoltert, verbrannt oder geköpft? Richtig. Dieselben Institutionen, welche uns heute noch präzise Regeln vorgeben, wie wir "richtig" zu glauben und unserer Gottheit zu dienen haben.

Geglückt ist es ihnen, weil wir tief in uns und von Geburt an mit der Tatsache vertraut sind, dass es eine höhere Instanz, etwas so unbegreiflich Wunderbares wie einen Schöpfer wirklich gibt. Alles andere ist auch aus wissenschaftlicher Sicht nicht möglich. Warum? Ganz einfach, wenn Sie sich die folgenden Fragen stellen: „Was war vor dem Menschen? Was war zuerst da, das Huhn oder das Ei? Was war vor dem Einzeller? Was vor der Erde? Was vor dem

Urknall? Was davor, davor und ganz davor? Woher ein Zufall, wenn es nichts gibt? Wer war zuerst, der Künstler oder das Kunstwerk? Wir kommen unweigerlich zum Schluss, dass etwas schon immer da war, etwas, das sich unserer (noch) begrenzten Vorstellung von Raum und Zeit zu entziehen vermag, etwas Schöpfendes, unbeschreiblich Wissendes und zugleich uns allen Wohlgesonnenes und Liebevolles. Die geschäftstüchtigen religiösen Führer unserer Welt nutzten und nutzen heute noch unsere innere Überzeugung, um diesen Schöpfer für ihre ganz eigenen Zwecke zu benutzen. Mit skrupellosen Machenschaften sicherten sie sich einen anfänglichen Bildungsvorsprung. Durch die von ihnen bewusst verursachte Ungleichstellung von Mann und Frau, versehen mit Märchen, Mythen und einigen Zaubertricks, gelang es ihnen, ihre Imperien auf- und auszubauen. Die Naivität des normalen Erdenbürgers wurde somit in eine gigantische, scheinbar ewige Einnahmequelle verwandelt.

Diese Einnahmequelle funktioniert aber nicht mehr, wenn wir das Gebiet „Glaube" erforschen wie alle anderen Gebiete auch und die Wahrheit erkennen. Somit begann man vor Tausenden von Jahren systematisch mit dem „Ausschalten" der Forschung in diesem Bereich.

Zuerst musste die Gefahr Nummer eins für die Religionen gebannt werden: Der Dialog. Das war anscheinend gar nicht schwer, denn es funktioniert heute noch in vielen Regionen der Erde einwandfrei. Man musste in erster Linie verhindern, dass sich Mann und Frau in ihrer Hütte oder sonst wo unbeobachtet der Erforschung des „Glaubens" annahmen.

Das wurde folgendermaßen gemacht: Der Mann wurde zum "Familienoberhaupt" erklärt, das Weib, welches gefährlich intuitiv denkend und handelnd ist, zum unreinen Familienuntertan. Der meist körperlich stärkere Mann konnte diese, ihm von seiner Kirche zugeteilte Führungsposition, leicht verteidigen und die religiösen Vorgaben in die Familie einfließen lassen. Somit gelang es damals den religiösen Oberhäuptern, kritische Diskussionen über den Glauben in der Familie zu unterbinden oder nahezu auszuschalten. Intuition und Gruppenarbeit sind schließlich wichtige Faktoren zum Gelingen einer Forschungsreihe und das galt es unter allen Umständen zu vermeiden. Dadurch entstand eine Befehlskette, welche bis tief in jede einzelne Familie hineinreichte. Die kritischen Querdenker wie einige Wissenschaftler und Forscher durften bis vor kurzer Zeit nur in bestimmten Gebieten arbeiten, welche aber den Bereich des „Glaubens" nicht einschlossen. Diesen zu erforschen, ist auch bis heute noch in vielen Regionen unserer Erde absolut verboten.

Nehmen wir als Beispiel und stellvertretend für die vielen Glaubensrichtungen das Juden- und Christentum und den Islam. Das gilt selbstverständlich auch für alle anderen religiösen Gruppierungen.

Die drei oben genannten Religionen entstanden ursprünglich aus den schriftlichen Verkündungen, Darlegungen und vor allem Auslegungen in den ersten 5 Büchern des Moses, der jüdischen Tora. Durch zensierte Erweiterungen wurde das alte Testament "fertiggestellt", welches danach durch das neue Testament, mit der Geschichte des Jesus versehen, zur Bibel, dem Glaubensbuch der Christen wurde. Um weitere Geschichten bereichert, unter anderem die des

Mohammed, einem Buch mit Reimen und Versen, entstand daraus noch der Koran und somit der Islam. Das sind alles Schriften, welche von Menschen niedergeschrieben wurden, versehen mit den Vorlieben und Vorstellungen ihrer Auftraggeber. In verschiedenen Regionen unserer Erde entstanden somit verschiedene Religionen, welche dort alsbald sämtliche Menschen zu ihren "Gläubigen" machten. Die "Verkäufer" ließen von ihren Gläubigen fantastisch anmutende Bauwerke erstellen, vielmals unter Zwang wie auch schon bei dem Bau der Pyramiden, welche nun den damaligen relativ ungebildeten und einfach denkenden Menschen restlos davon überzeugten, dass in dieser schönen Synagoge, Kirche oder Moschee der wahre Gott zu Hause sein musste.

Ihr Glaube ist somit in jedem Fall eine ursprünglich in ihrer Region entstandene Sache. Wo sich auch immer die Mehrheit für eine bestimmte Religion entschied, ist heute noch bestimmend dafür, was die Menschen dort glauben und teilweise sogar in ihre Gesetzgebung und Politik einfließen lassen. Deswegen haben wir heute noch vielerorts die gleichen Schwierigkeiten wie vor Hunderten von Jahren, wenn wir eine andere Glaubensregion aufsuchen und uns dort nicht den herrschenden Gegebenheiten unterordnen.

Durch die heutzutage ständig zunehmende Mobilität allerdings werden die früher existierenden regionalen Grenzen langsam aufgehoben.

Eines bleibt allerdings gleich. Wir werden weiterhin durch unsere Eltern an den Glauben herangeführt, welche diesen von deren Eltern, diese von deren Eltern und diese von deren... Was also ist die Konsequenz? Wir sind als Kind darauf angewiesen, unseren Eltern zu vertrauen. Im Verlauf unseres weiteren Lebens stellen wir uns vielmals die Frage, ob unsere Eltern immer Recht hatten und kommen oftmals auch zu dem Schluss, dass dies nicht immer so war. Aber eine Sache stellen wir selten in Frage: Ist Gott wirklich das, was meine Eltern mir von ihm zu vermitteln versuchten? Oder was mir meine religiösen Führer und deren Bediensteten sicherlich nicht ganz uneigennützig lehren wollten? Das System der Diskussionsunterbindung selbst in den eigenen vier Wänden in Bezug auf den Glauben durch das "Familienoberhaupt" funktioniert leider vielerorts immer noch sehr gut. Und das, obwohl wir alle tief in uns ein unüberhörbares Gefühl haben, welches uns sagt, dass mit dieser Sache etwas ganz und gar nicht stimmt. Die Quellen der alten Geschichten sind an sich schon mehr als fragwürdig, fast alle anderen Lehren aus diesen Zeiten wurden schon längstens widerlegt, weil sie bereits erforscht wurden. Beim genauen Durchlesen der einen oder anderen "heiligen Schrift" fällt einem sehr schnell auf, dass wir in eine bestimmte Richtung gelenkt werden sollen, an deren Ende den jeweiligen religiösen Führern in die Hände gespielt wird.

Und nun ohne weitere Umschweife zum Fazit: Sie glauben an etwas, weil Sie tief in sich drinnen das untrügliche Wissen haben, dass es ein wundervolles, unbeschreiblich gutes und unsterbliches Wesen gibt, welches unser aller Dasein ermöglicht. Nur leider glauben Sie auch an die von einigen Menschen nicht ganz uneigennützig geschriebenen Geschichten oder deren einfach nicht ganz uneigennützig verzerrten Überlieferungen. Sie "glauben" letztendlich seit sehr langer Zeit nur, damit "Ihre" Kirche, Moschee, Synagoge oder was auch immer ständig mehr Geld und Macht erhält. Und Sie sträuben sich somit, ihre Vorstellung von der "Erde als Mittelpunkt des Universums" in Bezug auf Ihre Religion loszulassen. Dabei ist es dafür langsam an der Zeit und für uns absolut überlebenswichtig.

Denn das ist unser einzig möglicher nächster Schritt in der Evolution.

Unser Wissen ist selbst im Bereich des nicht Sicht- und Fassbaren schon sehr weit fortgeschritten. Es muss allerdings noch an alle Menschen weitergegeben werden. Das Einzige, was sie nun tun müssen, ist endlich Eigenverantwortung zu übernehmen und dementsprechend zu handeln. Die Frage ist nun: Wollen Sie immer noch eine wirklich notwendige Weiterentwicklung weiterhin ablehnen oder sich der absolut unverfälschten, nachvollziehbaren, wesentlich angenehmeren und einfacheren Wahrheit stellen? Warum aber ist das Wissen um die Wahrheit einfacher und angenehmer? Das ist leicht erklärt. Weil die meisten Religionen mit Angstmotivation ihre Anhänger zusammenhalten (die Hölle, der Teufel) und ihnen dafür komplizierte, vielmals unsinnige, widersprüchliche Gesetze und Rituale aufbürden. Was sollen sie nicht alles tun für diesen Eintritt in ein Himmelreich, in welches sie in einer wesentlich angenehmeren Form sowieso nach ihrem Ableben eintreten werden. Zum Beispiel die Hölle. Die Erfindung der damals noch ungespaltenen, heute katholischen Kirche. Dantes Inferno, eine gezeichnete Übersichtskarte der Hölle, sollte dem Gläubigen im

Bild aufzeigen, was ihn erwartet, wenn er z.B. die Steuern an die Kirche nicht zahlt. Da gibt es die Vorhölle, da warten sie auf den Entscheid von Gott, ob sie vielleicht doch noch begnadigt werden. Wenn nicht, dann werden sie nach unzähligen anderen Qualen kopfüber eingegraben mit zappelnden Beinen, danach ab in den Ofen bei vollem Bewusstsein, Jahrtausende andauernde Schmerzen ohne die weitere Möglichkeit auf einen wahrhaftig erlösenden Tod.

Ist das nicht eine Vorstellung, welche wirklich etwas überholt zu sein scheint? Oder lieber ein Beispiel für die Vorgehensweise einiger religiöser Institutionen in Zusammenarbeit mit den dortigen, führenden Politikern? Man entziehe der Öffentlichkeit die Frauen, zumindest optisch. Man kann sie zum Beispiel so verhüllen, dass nur noch ein 18 cm breiter und 3,5 cm hoher Streifen im Bereich der Augen sichtbar ist. Es genügt aber auch schon ein eng zusammen gezurrtes Kopftuch und unförmige Kleidung, um attraktive Frauen zu entstellen. Somit gibt es dank ihres Glaubens praktisch keine brauchbaren Frauen mehr in ihrem Umfeld. Doch sicher, die gibt es schon, aber erst, wenn sie sich und andere für ihren Glauben oder eher die Interessen ihrer religiösen Führer in die Luft gesprengt haben. Dann erhalten sie als tapfere Männer endlich für ihre sexuellen Bedürfnisse zweiundsiebzig ganz schöne, unberührte Mädchen. Was für eine Idee…

Man glaubt, um benutzt werden zu können. Man glaubt, damit Wahnsinn und Krieg finanziert werden kann. Man glaubt, um auf Knien vor irgendeinem Prediger herumrutschen zu dürfen. Man glaubt noch nicht einmal die unwahrscheinlichsten, sondern die unmöglichsten Geschichten. Und warum glaubt man wirklich? Man glaubt letztendlich nur, *um keine Eigenverantwortung übernehmen zu müssen!* Wie das gemeint ist?

Wir wollen nach unserem Ableben (wie eigentlich nach allem, was uns nicht so ganz gelungen ist) eine Entschuldigung parat haben. Wir wollen sagen können: Alle anderen haben das doch geglaubt. Das war doch nicht meine Schuld, das habe ich so gelernt. Ich bin so erzogen worden. Es tut mir leid, aber ich sollte das doch so machen. Hätte ich das doch vorher gewusst. *Hätte ich das vorher gewusst?*

Warum aber habe ich es denn nicht gewusst? Die Frage ist einfach beantwortet. Weil ich mich einfach nicht darum gekümmert habe. Es gab doch so viel anderes, die Schule, die Lehre, das Studium, der Beruf, der Verein, die Karriere und so weiter. Daher glaubte ich diesen *allwissenden Instituten* (von denen ich doch aber eigentlich schon wusste, dass diese erwiesenermaßen nicht sehr viel wussten), welche sich von meinen Einkünften ernährten, mich benutzten und mir verrückte Rituale auftrugen. Dies führte letztendlich dazu, dass ich nicht einmal mehr meinem von Gott gegebenen Verstand und meiner ebenfalls von Gott gegebenen Intuition vertraute. In einigen Fällen brachte ich sogar noch Leid über die Menschen, die ich doch eigentlich liebte und andere, welche ich gar nie kennen gelernt hatte.

Das alles nur, damit ich keine Eigenverantwortung übernehmen musste. DARUM GLAUBTE ICH.

Im Namen des einzig wahren Gottes?

Sehen wir uns einfach an, wohin uns diese seltsame Verhaltensweise, sprich "das Festklammern an den Glauben" inzwischen geführt hat.

Auch wenn Sie die Geschichte vor und während der Antike nur oberflächlich betrachtet haben, werden Sie feststellen, dass schon damals die meisten kriegerischen Auseinandersetzungen ihren Ursprung in verschiedenen Gottes- und Göttervorstellungen fanden.

Und neben den ersten populäreren Glaubenskriegen, welche unter anderem die Christenverfolgung, die islamischen Expansionskriege und die Kreuzzüge beinhalten, gehen auch viele neuzeitliche Kriege auf die Rechnung der Religionen unserer Welt. Die Inquisition, Folterungen der abscheulichsten Art und auch die Gräueltaten der beiden Weltkriege sowie anderer Auseinandersetzungen wurden in den meisten Fällen durch religiöse Übermotivation geschürt. Heute sind es zudem Bombenanschläge, Selbstmord-attentäter, Enthauptungen bei gleichzeitiger Vorlesung aus einem "Heiligen Buch". Frauen werden in einigen Ländern hingerichtet, weil ihr Kopftuch nicht "ordnungsgemäß" getragen wurde. Sehr fromm, nicht wahr? Dem abartigen Erfindungsgeist unserer Glaubensführer gegenüber den von ihnen aus gesehenen "Ungläubigen" und "Fehlbaren" scheinen gestern wie heute keine Grenzen gesetzt zu sein.

Da füttert die bald 270. Generation "heiliger Väter" mit Spendengeldern ihrer Untertanen zig Millionen von Menschen in fürchterlich menschenfeindlichen

Gebieten, verbietet diesen aber im Gegenzug die Benutzung von Verhütungsmitteln.

Da diesen Menschen in der Regel keine großartigen Freizeitangebote zur Verfügung stehen, ist es zweifelsohne eine schöne Abwechslung, sexuelle Kontakte zu pflegen. Leider hat das, was nach neun Monaten folgt, in der Regel ein noch schlechteres Umfeld. Seit dem Wirken von "wohlwollenden" Einrichtungen in den ärmsten Ländern dieser Welt hat sich das Elend dort somit um etliche Male vervielfacht. Heute sieht man es überall, bis hin in die europäischen Länder, da der Flüchtlingsstrom aus Richtung Südosten und auch über das Mittelmeer quillt. Sehen Sie einmal genauer hin. Da sind Konflikte im Gange, welche fast ausschließlich durch religiöse Fanatiker geschürt werden. Fast 8 Milliarden Menschen leben nun auf der Erde. Das wäre doch (positiv gesehen) ein ganz gewaltiges Potenzial für ein ordentliches Brainstorming, wenn sich alle auf eine gemeinsame Zukunft mit zielgerichteten Problemlösungen einigen könnten. Das geht aber leider nicht, wenn die meisten der Menschen nur glauben und nicht wissen.

Wie konnte das alles geschehen? Was hat in erster Linie dazu beigetragen, dass sich dieses fast ewig drehende Karussell von Hass und Zwietracht zu drehen begann? Das Thema wurde vorher schon angesprochen. Es war die "Trennung der zwei Hirnhälften", nicht die im klassischen Sinne, sondern die der Menschheit: Die von Mann und Frau. Die Frau sei des Mannes Untertan - dieses von Menschen erstellte Gebot (nicht von Gott, man hat nur geschrieben, er hätte das gesagt) führte uns in die

20

heutige Situation. Das verhinderte die normale Entwicklung der weiblichen Fähigkeiten, deren emotionale Feinfühligkeit und Intuition als Schwäche ausgelegt und dementsprechend behandelt wurde. Der Mann, welcher meist körperlich stärker war und oftmals mehr auf irdischen Besitz (Profit) Wert legte, sicherte sich, unterstützt von seiner Kirche, bessere Bildungsmöglichkeiten und hatte das Recht, die Richtung in der Familie anzugeben. Und "Mann" sorgt heute noch in vielen Regionen auf der Erde dafür, dass "Frau" keine nennenswerte Bildung erhält. Diese Regelung hat auch heute noch zur Folge, dass in den meisten Ländern, in denen die Frau den kleinsten Stellenwert hat, auch das meiste Elend herrscht. Warum? Da sich dort die weiblichen Fähigkeiten nicht weiter nennenswert zu entwickeln vermögen, fehlt teilweise oder gänzlich deren positiver, beschwichtigender und ausgleichender Einfluss auf Entscheidungen des Mannes, was dann wiederum ungefiltert Hass, Krieg, Profitgier und so weiter hervorbringen konnte. Das ist natürlich nicht bei jedem Menschen gleich, aber wenn wir den weltweiten Durchschnitt betrachten, kommt das schon so hin. Die Menschheit wird allerdings erst durch das Zusammenspiel beider Geschlechter vervollständigt, womit wir auch erst nach einer Gleichstellung der Geschlechter in der Lage sein werden, den nächsten Evolutionsschritt zu meistern.

Es gibt aber Gott sei Dank auch andere Beispiele, womit Sie auch selbst recht einfach einen direkten Vergleich ziehen können. Je besser die weibliche Bevölkerung akzeptiert wird, desto besser geht es in fast allen Fällen dem dort ansässigen Volk. Beurteilen Sie das mal selbst: Regionen, welche der

Frau die Gleichberechtigung zugestehen, sind in der Regel von friedfertigeren Menschen besiedelt und gesamthaft weiter fortgeschritten. Die Gefahr eines Rückschritts dort besteht allerdings durch die enorme Zuwanderung von Menschen aus den erstgenannten Gebieten, welche nun auch in ihrem friedlichen Zufluchtsland versuchen, ihr unsinniges Weltbild weiterzuleben und keine Änderung des ihnen anerzogenen Männer/Frauen Status zulassen wollen. Und noch etwas für die "Gutmenschen" in den sozialen, aufgeschlossenen Ländern: Es gibt auch hier keine „Glaubensfreiheit", solange es aufgrund des Glaubens Kopftücher auf Frauenhäuptern gibt. Das kann nur verhindert werden, indem man keine Unterdrückung der Frau duldet und das heißt logischerweise kein Kopftuch. Die erwähnten Kopftücher und natürlich auch Verhüllungen sind ein absolut untrügliches Zeichen für die Unterdrückung und somit Unterwerfung der Frau. Ein staatliches angeordnetes Kopftuchverbot zum Beispiel schränkt die Freiheit der Frau nicht ein, im Gegenteil. Es setzt vielmehr dem Mann schon einen ersten wichtigen Riegel, über seine Frau zu herrschen und radikale, religiöse Ideen in die Familie einfließen lassen zu dürfen. Was aber bedeutet das für die uns immer noch ach so heilige "Glaubensfreiheit"?

Glaubensfreiheit ist einfach nur ein fürchterliches Unwort, da es in den allermeisten Fällen genau das Gegenteil seines Wortlautes bedeutet.

Beispiel? „Ich darf meine Frau oder Tochter schlagen, wenn sie ohne Kopftuch aus dem Haus geht, da das Tragen des Kopftuches ja hier erlaubt ist. Es herrscht auch hier schließlich Glaubensfreiheit".

Wenn diese Frau oder das Mädchen dann oft genug verprügelt wurde, wird sie Ihnen auch gerne sagen, dass sie ihr Kopftuch aus freien Stücken anzieht, sozusagen aus "religiöser Überzeugung". Das Letztere stimmt zumindest schon mal vom Wortlaut her…

Auf der gesamten Erde herrschen ständig irgendwo einige Kriege. In den meisten Fällen durch den Zusammenstoß verschiedener Glaubensrichtungen. Dazu gesellen sich noch die Konflikte, welche seit gefühlten Ewigkeiten zwischen Ost und West auf der Nordhalbkugel brodeln.

Da glauben halt mal wieder zu viele. Beispiele? Im Westen glaubt man, der Osteuropäer sei grundsätzlich böse und helfe grundsätzlich den falschen Parteien in einem Konflikt. Schauen Sie sich aber einmal als Amerikaner oder Westeuropäer doch etwas genauer die Parteien an, welche Sie in der Vergangenheit unterstützt haben und wem Sie in Zukunft helfen würden…

Vom Osten her gesehen ist das Misstrauen gegenüber den westlichen Entscheidungen gleich und man glaubt auch dort, weil die Politik wichtige Informationen (wie auch auf der Gegenseite) meist etwas verdreht, damit die große Masse ihre Ziele unterstützt.

Ach ja, der Chinese ist noch ganz böse. Wir sollten aber beachten, dass dieser es geschafft hat, eine Bevölkerungsexplosion auf seinem Territorium wirkungsvoll zu verhindern. Sicherlich geschahen dort bei der Durchsetzung der Gesetze gegen die drohende Überbevölkerung schreckliche Dinge. Es geht aber leider gerade bei so einer Thematik wie Überbevölkerung nicht mehr um Einzelschicksale. Schon lange nicht mehr.

Es geht um das Überleben von Milliarden von Menschen, vielleicht sogar der gesamten Menschheit. Das dürfen Sie mir aber nicht nur glauben, das müssen Sie wissen.

Wir sollten nun ziemlich schnell umdenken. Denn in vielen Bereichen glauben wir zu viel - und wissen zu wenig. Das alles wird nicht besser durch die Einflussnahme der Politik auf die Nachrichten. Freier Journalismus bedeutet unabhängige Berichterstattung. Das wiederum bedeutet mehr Wissen für die ganze Bevölkerung. Mehr Wissen bedeutet allerdings mehr Gerechtigkeit. Man will aber als Politiker in Ihrem Land nicht in jedem Fall mehr Gerechtigkeit. Und auch nicht als geistiges Oberhaupt. Man will Ihr Geld und dass Sie "glauben".

"Glauben" Sie auch, das die "sozialen Medien" sozial sind? Oder wissen Sie schon, wo Sie hingesteuert werden sollen? Am wahrscheinlichsten doch auf so eine Art "geistigen Parkplatz". Das aber nur mal so zum Nachdenken.

Uns fällt folgendes auf: Die ganze heutige Situation wurde maßgeblich von Menschen in religiösen und politischen Führungsetagen (oftmals verknüpft) verursacht, vielmals mit der Begründung, "im Namen des einzig wahren Gottes" zu handeln. Die Zukunft kann und muss man aber nun mit Hilfe von Wissen ändern.

Wie gelange ich aber nun zum Wissen?

Das Wissen

Das Wissen steht weit über dem so genannten religiösen Glauben. Das müssen Sie akzeptieren. Ist auch nicht besonders schwer. "Glauben" ist nämlich nur ein Wort. Es bedeutet konkret: Ich bin der Annahme, dass dieses (egal was) so oder so sein könnte. "Wissen" ist auch nur ein Wort. Es bedeutet: Fundierte Erkenntnisse machen mich wissend, dass die Erde sich um die Sonne dreht. Nicht verstanden? Dann machen Sie bitte folgenden Test: Stellen Sie sich mit fest zugehaltenen Ohren an eine mittelmäßig stark befahrene Straße. Jetzt schauen Sie mehrmals nach links und rechts und wenn Sie wissen, dass kein Fahrzeug kommt, laufen Sie auf die andere Seite. Nun drehen Sie sich um (immer gut die Ohren zuhalten). Sie schauen aber nur stur geradeaus und hören trotz ganz fest zugehaltener Ohren die allermeisten der vorbeischießenden Fahrzeuge (außer vielleicht die mit Elektroantrieb). Laufen Sie los, wenn Sie *glauben*, dass kein Fahrzeug kommt? Also nicht wirklich, oder? Im Falle des Übergangs vom Glauben bis hin zum Wissen sind Logik, Vernunft, die Nutzung von wahrhaftigen Erfahrungen sowie Wachsamkeit Ihre wichtigsten Begleiter. Sonst rennen Sie von einem Irrglauben in den womöglich noch absurderen.

Das Wissen ist übrigens nicht neu. Es ist nicht patentierbar, nicht für den Alleingebrauch bestimmt und es soll auch keine neue Religion der "Wissenden" zum Leben erweckt werden. Es wird aber, konsequent angewandt, zwangsläufig zu einem besseren Umgang der Menschen untereinander, unserer Erde gegenüber und zu einer fantastischen Weiterentwicklung in allen nur erdenklichen Bereichen führen. Kein Glaube mehr, keine Ungläubigen. Sicher werden viele Leute noch an der Vorstellung der Erde als Mittelpunkt des Universums mit einem rachsüchtigen Gott im Himmel festhalten. Ein bisschen Geduld wird es schon brauchen. Eingefahrene Vorstellungen, welche ihren Ursprung vor mehreren tausend Jahren hatten, halten sich hier und da wohl noch ein wenig. Eines ist klar: Wir müssen jetzt loslassen. Es würde sonst ein schlimmes Ende mit uns nehmen. Da nehmen wir das Ende überholter und unhaltbarer Einstellungen besser in Kauf.

Einzelne Fragmente des Wissens um Gott sind in verschiedensten Schriften niedergeschrieben worden, suchen wir einfach mal mit Gefühl die richtigen heraus.

Wir führen nun mal nur die Einzelteile zusammen, die unser Geist zum Aufbauen von Wissen braucht. Unsere Seele und das damit verbundene Bauchgefühl helfen uns dabei, Sinn von Unsinn zu trennen und Sachen mit einem hohem Wahrheitsgehalt von Unwahrheiten zu unterscheiden. Die Informationsquellen sind auch in diesem Fall Bücher, fangen wir mit einer der geistreicheren Passagen der Bücher Moses, des 2. Buchs (Exodus) an, diese wird auch von strenggläubigen Juden, Christen und den Muslimen akzeptiert. Sie können nun Ihr Glaubensbuch gerne hinzuziehen wenn Sie das als hilfreich erachten. So etwas haben ja noch viele Menschen. Um echtes Wissen zu erlangen, braucht es für manche Menschen halt schon ein bisschen Arbeit. Für andere vielleicht weniger

1.
Du sollst neben mir keine anderen Götter haben. Du sollst dir kein Gottesbild/keine Darstellung machen.

2.
Du sollst den Namen des Herrn nicht missbrauchen.

3.
Der siebte Tag ist ein Ruhetag, dem Herrn, deinem Gott, geweiht.

4.
Ehre deinen Vater und deine Mutter.

5.
Du sollst nicht töten.

6.
Du sollst nicht die Ehe brechen.

7.
Du sollst nicht stehlen.

8.
Du sollst nicht falsch gegen deinen Nächsten aussagen.

9.
Du sollst nicht nach dem Haus oder sonstigem Eigentum deines Nächsten verlangen.

10.
Du sollst nicht nach der Frau, Magd oder dem Knecht deines Nächsten verlangen.

Gehen wir es doch mal Schritt für Schritt durch, das macht alles doch relativ viel Sinn. „Du sollst neben mir keine anderen Götter haben. Du sollst dir kein Gottesbild/keine Darstellung machen." Wenn wir uns daran halten, werden wir zumindest einmal keine falsche Vorstellung haben von Gott. Trotzdem taucht da in vielen Gehirnen schon wieder ein riesengroßer Mann mit langem weißen Bart auf, sitzend auf einem Thron hoch oben im Himmel, die Augen aus grellem Licht auf Sie, ja Sie gerichtet, das richtende Schwert in der Hand!

Genau den müssen Sie rausschmeißen aus Ihrem Gehirn. Das ist nicht Gott. Das ist der Ihnen ins Gehirn gepflanzte Geldeintreiber von Ihrer Glaubensgemeinschaft. Interessant, der sieht für die meisten Menschen, egal mit welcher Religion, genau so aus…

Das Gebot ist also zu Ihrem Schutze da. Damit Ihnen keiner einen gefälschten Gott verkaufen kann. Und damit wir uns nicht vor irgendwelchen aus Menschenhand geschaffenen Figuren, Bauten oder auch Predigern hinknien müssen.

Du sollst den Namen des Herrn, deines Gottes nicht missbrauchen. Dieses Gebot hätte bei konsequenterer Anwendung verhindert, dass wir uns Menschen immer wieder bekriegen, foltern und unterdrücken. Unsere religiösen Führer haben dieses Gebot anscheinend vergessen, oder die Bücher, welche sie als "heilig" bezeichnen, nicht so richtig durchgelesen. Denn diese spornen heute noch dazu an, im Namen ihres Gottes zu morden und andere Verbrechen zu begehen, um ihre Interessen zu wahren.

Der siebte Tag ist ein Ruhetag, deinem Herrn geweiht. Gott sei Dank. Sonst würden noch mehr Menschen ununterbrochen arbeiten müssen und könnten sich niemals dieses Buch durchlesen und noch ein paar andere, die Ihnen nachher noch wärmstens empfohlen werden. Dann würden Sie dummerweise immer nur an vorgegebene Sachen glauben und leider nicht wissen dürfen.

Ehre deinen Vater und deine Mutter. Das ist irgendwie doch selbstverständlich. Sicherlich gibt es auch nicht so sehr gute Väter und Mütter. Es sind halt auch nur Menschen, welche sich zumeist an dem orientiert haben, was deren Eltern oder andere Vorbilder ihnen gelehrt oder vorgelebt haben. Das Gebot wird jedoch zumindest verhindern, dass wir sie dafür hassen. Denn Hass ist einer der absolut schlechtesten Berater in uns.

Du sollst nicht töten. Schwierig, nicht war? Beziehen wir es mal nur auf Menschen. Ja, man soll nicht töten, aber Ungläubige, Homosexuelle, Verbrecher, Ehebrecher und einige Andersdenkende und -handelnde zur Sicherheit mal schon. Oder wenn ich dafür 72 Jungfrauen im Himmelreich erhalte, die brauche ich ja dringend als körperloses Seelenwesen. Aber es heißt: Du sollst nicht töten. Doch schon in den danach folgenden Büchern Moses wurden gar die ersten Ausnahmen festgelegt. Da sollte sich doch bei uns einiges regen, z. B. gewisse Zweifel an dem Wahrheitsgehalt unserer angeblich heiligen Lektüren. Sicherlich werden manche Menschen keine andere Wahl haben, als zu töten, um nicht selbst getötet zu werden. Verteidigung von sich und anderen ist da ein relevanter Grund, unser aller Gott wird uns dafür in keine Hölle schicken. Wir wissen ja schon: Er hat keine erschaffen. Dieser grausige Ort ist ein rein erfundener, die Geldeintreiber unserer verschiedenen Kirchen haben diesen Unfug erschaffen, um ihre Anhänger auf Erden an sich zu binden und gefügig zu machen.

Du sollst nicht die Ehe brechen. Es ist für niemanden schön, wenn der Ehepartner anderweitig sexuelle Kontakte pflegt. Ein bisschen Moral sollte schon sein. Wir sind ja schließlich nicht auf Erden, um andere zu verletzen und bei den kleinsten Unstimmigkeiten in einer Beziehung die Flinte ins Korn zu werfen, vor allem, wenn es um eine tiefe Bindung geht. Es wird uns auch nicht sehr behilflich sein, wenn wir immer wieder, gesteuert von Hormonen, neue Abenteuer suchen. Eine ordentliche Trennung jedoch sollte nicht verteufelt werden. Wenn Menschen einfach nicht zusammenpassen, ist es besser, einen allerdings gemeinsamen Schlussstrich zu ziehen, als sich in ein lebenslängliches Martyrium zu begeben. Das sollte allerdings vor einer neuen Beziehung stattfinden. Dann findet auch kein Ehebruch statt. Noch einmal zum Gebot „Du sollst nicht töten", es heißt so und nicht „du sollst nicht töten, außer die zu Tötenden haben die Ehe gebrochen".

Du sollst nicht stehlen. Das sollte ja wirklich auch selbstverständlich sein. Dinge, die anderen Menschen oder der Allgemeinheit gehören, sollten diesen nicht einfach weggenommen werden. Dazu zählen auch Steuergelder und zweckgebundenes Kapital, welches immer wieder mal unheimlicherweise in die falschen

Taschen fließt. Ganz zu schweigen auch von den kirchlichen Verfehlungen, denn Ablasshandel und Geldeintreiberei war und ist schließlich auch nur Diebstahl.

Du sollst nicht falsch gegen deinen Nächsten aussagen. Leider werden immer wieder und überall auf der Erde Falschaussagen angewandt. In den meisten Fällen wird so versucht, Widersacher auszuschalten oder einen unberechtigten Vorteil zu erlangen. Verleumdungen wurden und werden heute noch besonders gerne im Bereich des Glaubens eingesetzt, die Inquisition ist ein Paradebeispiel dafür. Man überlege sich: Meist religiös oder politisch motivierte Menschen haben irrsinnige Lügen kundgetan, um ihnen unangenehme Personen in den Tod zu treiben. Die damals noch vereinte christliche Kirche führte z.B. unzählige Lebendfeuerbestattungen durch. Die „Hexen und Zauberer", die damit beseitigt wurden, waren der damaligen Kirche in vielerlei Hinsicht unangenehm. Meistens aber war ihr Wissen etwas zu groß.

Du sollst nicht nach dem Haus oder sonstigem Eigentum deines Nächsten verlangen. Neid ist stets schon ein großer Motivator für alle Arten von Verbrechen gewesen. Unsere religiösen Führer und deren Bediensteten haben sich bis heute immer sehr gerne um das Eigentum anderer Menschen bemüht. Man kann sich fast nicht vorstellen, wie viele Menschen in ihren letzten Atemzügen ihre Kirche mit ihrem Besitz begünstigen. Das geht auch heute noch in Richtung Ablasshandel. Die daraus resultierenden

Erbgewinne bescheren den Kassen der jeweiligen Institutionen auch heute noch gigantische Summen.

Du sollst nicht nach der Frau, Magd oder dem Knecht deines Nächsten verlangen. Wir sind doch sehr weit entwickelte Lebewesen und sollten unser Verhalten einigermaßen im Griff haben. Es gibt sicherlich auch noch Frauen, Mägde und Knechte, die sich nicht schon gebunden haben oder noch Arbeit suchen. Wir sollen also niemanden abwerben, egal zu welchem Zweck. Damit vermeiden wir automatisch jede Menge Ärger.

Fazit: Uns fällt doch auf, dass sehr viele dieser Gebote genau durch die Institutionen untergraben und gebrochen werden, welche die "heilige" Schrift, in der sie niedergeschrieben wurden, als absolut wahrhaftig darstellen wollen. Wollen wir uns weiterhin von diesen offensichtlichen Unwahrheiten einen Gott lehren lassen? Die zehn Gebote machen auf jeden Fall Sinn und dürfen auf jeden Fall trotz altertümlichen Wortlautes als Wahrheit angenommen werden.

Und weiter geht's mit dem Erlangen von Wissen. Die wenigsten auch nur halbwegs intelligenten Menschen bezweifeln, dass jeder einzelne Mensch aus Körper, Geist und Seele besteht. Bei Körper und Geist hat man ja mehr oder weniger zugelassen, dass sich die Wissenschaft damit beschäftigt. Daher haben wir auch ein relativ großes Wissen über den Aufbau und die Funktionsweise des menschlichen Körpers. Der Geist ist ebenfalls schon relativ gut erforscht, wir wissen somit schon sehr viel über die geistige Funktionsweise des Menschen. Ein Computer wird der Darstellung in

Bezug auf Gehirntätigkeit und somit Geist vereinfacht gesehen absolut gerecht. Stellen wir uns vor, wir hätten einen neuen Computer. Keinem von uns käme es in den Sinn, diesen zuerst mit Fehlinformationen, Viren und unsinnigen Programmen zu füttern. Das Ding macht danach nämlich nur Blödsinn und ist in vielen Fällen nicht mehr zu gebrauchen.

Aber was machen wir mit unseren allerliebsten, unseren kleinen, lernbegierigen Kindern? Sobald sie unsere Sprache erlernt haben, füllen wir ihren Geist zuerst einmal mit dem gleichen Quatsch, den uns unsere Eltern schon auf die Festplatte gebrannt haben. Beispiele gefällig? Allah hat die Juden in Schweine verwandelt, weil sie den Sabbat entehrt haben. Der Weihnachtsmann wird dich in den Sack stecken, wenn du nicht artig bist. Bedecke deinen Kopf, wenn du vor den Herrn trittst. Der Osterhase war da und hat doch wahrhaftig Eier im Garten versteckt. Das ist unrein, die Frauen am meisten, dieses und jenes nicht… Als nächstes, der Mensch ist ein bisschen älter: Der Herr, Allah oder Jahwe wird dich strafen. Da helfen auch überall die jeweiligen Religionsvertreter kräftig mit, schließlich soll der riesige, zornige und weißbärtige Mann mit dem Schwert und den Feueraugen auf seinem Thron einen guten Platz im Geiste des heranwachsenden Menschens erhalten. Um diesen Bann zu brechen, füttern wir die kleinen Gehirne doch abwechslungsweise mal mit Wahrheiten. Wäre mal an der Zeit nach ein paar tausend Jahren.

Denn seit so langer Zeit weiß man auch: Wissen ist lernbar. Wenn dieses Wissen bei genügend Menschen gefestigt ist, wird es zur Abwechslung mal eine gewaltige Reihe positiver Auswirkungen in unsere Welt treten lassen. Vermutlich werden wir nie alles wissen. Das müssen wir auch nicht. Aber doch zumindest so viel wie notwendig, um Wahrheit von Unwahrheit unterscheiden zu können. Nur so können wir uns aus dem scheinbar ewigen Kreislauf von Krieg und Missgunst befreien und den wahrhaftigen Sinn des Lebens erkennen und nutzen.

Studienanleitung

Um dieses Wissen zu studieren, greifen wir auf die bis jetzt gemachten Erfahrungen der Menschen zurück, welche sich schon länger mit Teilbereichen dieses Themas beschäftigt haben. Ich empfehle Ihnen, sich sehr bald die nachfolgend kurz vorgestellten fünf Bücher zu besorgen, damit Sie Ihr neu erlangtes Wissen mit einem ordentlichen Fundament versehen können. Die Reihenfolge, in der Sie die Bücher lesen, ist ebenfalls wichtig, die verschiedenen Themen bauen zwar nicht direkt aufeinander auf, sind aber so leichter zu erfassen.

Wir beschäftigen uns zuerst mit der Seele, dem unsterblichen und vermutlich unfassbarsten Teil in uns. Was ist das? Was wissen wir darüber? Welche Erkenntnisse sind über dieses mysteriöse Etwas in uns vorhanden? Mehr, als viele Menschen glauben. An dieser Stelle werde ich Sie auf ein Buch verweisen, welches sich speziell mit diesem Thema befasst und welches Sie als erstes der empfohlenen Bücher aufmerksam und in aller Ruhe lesen sollten.

1. Dr. Raymond A. Moody: *Leben nach dem Tod. Die Erforschung einer unerklärlichen Erfahrung.* Rowohlt Taschenbuch Verlag, 2001,
ISBN-10: 3499613492
ISBN-13: 978-3499613494

Ein Mann, der für klinisch tot erklärt worden war, konnte wieder ins Leben zurückgeholt werden. Daraufhin berichtete er detailliert Dr. Raymond A. Moody, wie er sein Sterben und das, was danach kam, wahrgenommen hatte. Für seine Untersuchungen gelang es Dr. Moody, rund 150 solcher Fälle ausfindig zu machen. Menschen, die klinisch tot gewesen waren und nun von ihrer Erfahrung jenseits des Lebens berichten konnten. Die Befragten kamen aus den unterschiedlichsten Gesellschaftsschichten und waren in den verschiedensten religiösen Umfeldern aufgewachsen. Dennoch ähneln sich ihre Beschreibungen so markant, das außer Frage steht, dass wir nach unserem irdischen Dahinscheiden weiterhin überaus bewusst existieren.

Jetzt nehmen wir den "roten Faden" auf. Also die Zusammenfassung aus all diesen verschiedenen Berichten. Das, was letztendlich an Erfahrung durch die detaillierte Beschreibung der einzelnen Befragten in der folgenden Lektüre nachhaltig weitergegeben wird. Das wird auch bei den folgenden empfohlenen Büchern so beschrieben, damit Sie diese jetzt nicht schon zwischendrin lesen müssen. Gehen Sie bitte erst später, nachdem Sie dieses Buch fertig gelesen haben, weiter ins Detail und besorgen sich die fünf hier beschriebenen Bücher.

Wenn wir „gestorben sind", das heißt ab dem Zeitpunkt des klinischen Todes, ändert sich unsere gewohnte Perspektive. Etwas außerhalb unserer natürlichen Umgebung, nämlich unseres Körpers, schauen wir von außen zu (von einem übersichtlichem Standort, in Räumen gerne von oben an der Decke), was sich zum Beispiel an unserem Krankenbett mit unserem Körper darin abspielt. Wir nehmen bewusst optisch und akustisch alle Geschehnisse klar und deutlich wahr. In dieser Situation verharren wir bis zu maximal ein paar wenigen Minuten. Danach geht's ab durch so eine Art Tunnel. Wichtige Situationen unseres Lebens werden nochmals durchlebt. Kein Zeitbezug mehr da, das kann sich alles innert Sekundenbruchteilen abspielen. Inklusive Scham, Freude oder andere auf die nacherlebten Situationen hin aufkommenden Gefühle. Es ist eine Art objektive Beurteilung des eigenen Verhaltens, zum Beispiel von gewissen denkwürdigen Momenten und den damit zusammenhängenden Erfahrungen.

Irgendein vertrautes Lebewesen holt uns erfreut ab, da wo wir jetzt sind. Meist schon länger verstorbene, uns nahe stehende Menschen. Dann werden wir mit einem unbeschreiblich hellen Licht konfrontiert, welches zuerst durch seine angenehme Eigenschaft auffällt - es blendet nicht. Liebe- und verständnisvoll teilt es uns mit, dass wir noch nicht für diesen Eintritt ins Jenseits bereit sind. Und dann befinden wir uns auf einmal in unserem Körper wieder, was zwar als vertraut, meist aber als recht unangenehm empfunden wird.

Ein weiterer, wichtiger Anhaltspunkt zu diesem Thema sind Berichte über Erlebnisse im Bereich der so genannten Rückführung unter wissenschaftlich genutzter Hypnose. Die dadurch gewonnenen Erkenntnisse decken sich mit den Ergebnissen der spannenden Nachforschungen von Dr. Moody. Bei Untersuchungen, welche unter anderem auch durch populärwissenschaftliche Fernsehsendungen und Magazine bekannt geworden sind, konnten viele verschiedene Menschen jeglicher Rasse sowie Religionsangehörigkeit- und auch unabhängig vom Geschlecht, Orte und Begebenheiten aus vergangenen Zeiten detailliert und wahrheitsgetreu beschreiben. Und das, obwohl sie dieae in ihrem jetzigen Leben nachweislich niemals gesehen hatten. Das ganze führt uns unweigerlich zu dem Schluss, dass wir nicht das erste Mal und auch nicht das letzte Mal hier sind. Und das wiederum würde bedeuten, dass wir mit unseren heutigen Entscheidungen unser nächstes Leben beeinflussen. Je mächtiger wir in diesem Leben sind, desto mehr Sorgfalt sollten wir bei unseren zukünftigen Entscheidungen walten lassen. Wir werden nämlich Fehlentscheidungen nicht nur in einem gefühlsintensiven Rückblick direkt nach unserem körperlichen Ableben bereuen.

Wir werden in unserem neuen Leben mit den direkten Auswirkungen unserer jetzigen und zukünftigen Entscheide konfrontiert, vielleicht dann nicht mehr in der gleichen Position mit den uns heute noch zur Verfügung stehenden Möglichkeiten. Denken Sie mal darüber nach...

2. James Redfield: *Die Prophezeiungen von Celestine: ein Abenteuer.*
   Ullstein Taschenbuch Verlag, 2004,
   ISBN-10: 3548741193
   ISBN-13: 978-3548741192

3. James Redfield: *Die zehnte Prophezeiung von Celestine*
   Ullstein Taschenbuch Verlag, 2004,
   ISBN-10: 3548741495
   ISBN-13: 978-3548741499

4. James Redfield: *Die Erkenntnisse von Celestine*
   Allegria Taschenbuch, 2004,
   ISBN-10: 3548741169
   ISBN-13: 978-3548741161

Neue Erkenntnisse, vor allem aus dem Bereich der Psychologie sowie der Natur finden in dieser Buchreihe plus einem Arbeitsbuch in Romanform ihren Platz. Der Aufbau als Roman ist gut gewählt, da somit in den abenteuerlichen Geschichten ein direkter, nachvollziehbarer Bezug zur jeweiligen Erkenntnis hergestellt wird. Im Arbeitsbuch, welches Sie nach dem Lesen des ersten Buches hinzuziehen, werden Sie sich vermutlich besser selbst finden, als Sie es bis jetzt für möglich gehalten hätten. Lesen Sie aus dieser Buchreihe „Die Prophezeiungen von Celestine", „Die zehnte Prophezeiung von Celestine" und das Arbeitsbuch „Die Erkenntnisse von Celestine".
Bemerkung: Weitere Bücher sind in dieser Reihe erschienen.

Es gibt Dinge, die wir nicht sehen, welche aber trotzdem existieren. Radiowellen kennt jeder. Sie werden die Existenz von Radiowellen auch nicht in Frage stellen, nur weil Sie diese nicht sehen und ohne Empfänger auch nicht hören oder den Vorgang des Sendens und Empfanges nicht erklären können. Es gibt da aber noch ein paar andere Wellen, deren Ursache und Wirkung schon bekannt sind. In diesen Büchern stecken alte und neue psychologische und andere wissenschaftliche Erkenntnisse, für jedermann begreiflich und hochinteressant kommentiert. Sie werden feststellen, dass alle Menschen miteinander auf unterschiedlichste Art und Weise auch wortlos kommunizieren können und verbunden sind. Sie werden sich und Ihre Mitmenschen besser sowie klarer erkennen und verstehen als je zuvor. Pflanzen, Bäume, ganze Wälder und auch Orte werden Ihnen sehr schnell viel mehr bedeuten und wesentlich nützlicher sein als noch heute. Erkenntnisse von unschätzbarem Wert lassen Sie Zusammenhänge verstehen, welche im positiven Sinne Ihr und das Leben Ihrer Mitmenschen verändern werden.

4. Neale Donald Walsch: *Gespräche mit Gott Band 1*
Arkana Verlag, 2006,
ISBN-10: 3442217865
ISBN-13: 978-3442217861

Ein ungewöhnlicher Dialog. Was würden Sie Gott fragen, wenn Sie könnten? Dieses „Gespräch" geht weit über das hinaus, was in den Bauten der verschiedenen Religionsgemeinschaften besprochen, diskutiert und vorgelesen wurde. Bereiten Sie sich auf ein gütiges und wahrhafteres Gotteswesen vor, als es Ihnen jemals vermittelt wurde.
Bemerkung: Weitere Bücher sind in dieser Reihe erschienen.

Eine Unterhaltung mit unserer Quelle. Schon auf den ersten Seiten werden Sie feststellen, dass dieses „Gespräch" auf einer höheren, jedoch sehr gut verständlichen Ebene abläuft. Ihre Intuition wird sich bemerkbar machen und auch viele Ihrer Fragen werden beantwortet. Fragen, mit deren Beantwortung Sie eigentlich nie so wirklich gerechnet hätten. Vieles ist wesentlich einfacher und besser, als Sie es sich je hätten erträumen lassen. Der wirkliche Schöpfer verlangt nichts von Ihnen. Und er hat erst recht keinem aufgetragen, in seinem Namen etwas von Ihnen zu verlangen.

Er wird sich aber sehr darüber freuen, wenn Sie Ihre von ihm gegebenen Fähigkeiten einsetzen und jetzt Eigenverantwortung übernehmen.

So weit, so gut.

Aber woher sollte man wissen, dass der Inhalt dieser Bücher vertrauenswürdig ist? Das werden Sie schon selbst beim Lesen erkennen. Zusammenhänge von Begebenheiten in Ihrem Leben werden Ihnen bewusst, Geschehenes verständlich, vertrautes Wissen, welches schon zu Beginn Ihres Daseins in Ihnen schlummert, wird freigesetzt. Zudem werden Sie feststellen, dass niemand von diesen Büchern profitiert, Sie werden keiner Hirnwäsche unterzogen, bekommen keine "bessere" Glaubensgemeinschaft empfohlen und müssen nirgends hin spenden und keinen Guru aufsuchen.
Spätestens nachdem Sie diese Bücher gelesen haben, werden Sie weitaus mehr wissen, als Sie es sich jemals hätten vorstellen können. Das macht so einiges schöner und leichter in Ihrem Leben.

Aber ganz so einfach ist das, was jetzt folgt, nicht. Wir wollen schließlich etwas längst Überfälliges, tief Verwurzeltes positiv verändern, da besteht absoluter Handlungsbedarf. Am besten fangen wir jetzt damit an, dann sind wir auch früher fertig. Ich habe sogar eine Ahnung, wann "früher fertig" ist. Das kommt jetzt allerdings auch ein wenig auf Sie drauf an. Wie das funktionieren soll und wie das gemeint ist, erfahren Sie auf den folgenden Seiten.

Konsequentes Handeln ab jetzt

Wir müssen unsere Verantwortung wahrnehmen. Und zwar ab jetzt. Unsere Verantwortung besteht darin, unseren Kindern die Wahrheit zu sagen. Oder zumindest schonend beizubringen, wenn wir ihnen schon alten Unsinn eingetrichtert haben. Das absolut Phantastische, das wirklich Mystische an und in unserem Leben ist wesentlich interessanter und durchaus nützlicher als nicht medizinisch notwendige Beschneidungen, welche absurderweise auch heute noch in einigen Regionen sogar an kleinen Mädchen durchgeführt werden. Da gibt es doch tatsächlich in einigen weit fortgeschrittenen Ländern Menschen, welche solche irren Bräuche mit dem Bezug auf die "Religionsfreiheit" zu verteidigen wissen.

Sie haben die zehn Gebote und können, wenn sie die fünf vorher empfohlenen Bücher lesen, auch noch eine riesige Menge an sehr nützlichen Neu- und Hintergrundwissen erlangen. Stellen wir uns jetzt endlich die Frage: Wie verhalten wir uns denn nun gegenüber der bei uns vorherrschenden Religion und unserem Umfeld? Das braucht ein wenig Vernunft und Feingefühl. Dies erhalten Sie auf jeden Fall, wenn Sie sich Ihres Wissens bewusst sind. In manchen Ländern kann es einem sehr schlecht ergehen, wenn man einfach mal so aus seiner Religionsgemeinschaft austreten möchte oder dort gar sein frisch erlangtes Wissen einfließen lassen will. Als Frau würde ich mein Kopftuch auch nicht in jedem Umfeld öffentlich verbrennen. Eines ist klar: Von heute auf morgen bekommen wir das nicht geregelt. Aber es ist machbar, dauert halt ein wenig. Da, wo es jetzt schon möglich ist, sollte ein ehrlicher Dialog gesucht werden. Das Thema steht fest: Wissen muss ab jetzt vermittelt werden und alle Menschen haben den gleichen Stellenwert.

Nur so haben der Tempel, die Kirche, Moschee oder Synagoge noch eine Daseinsberechtigung.

Sollte nicht in nützlicher Frist eine Einsicht und Besserung auf der Führungsebene Ihrer religiösen Vereinigung auszumachen sein, entziehen Sie dieser den Nährboden. Wo auch immer möglich, treten Sie aus dem Kreise der finanziellen Unterstützer aus, bis Einsicht einkehrt.

Diese Einsicht wird zwangsläufig früher oder später einkehren, da sich dieses Gefüge nur mit unserem Geld zusammenhalten kann.

Wählen Sie in Zukunft keine religiösen Politiker. Vor allem keine strenggläubigen und solche, bei denen Sie noch ein altertümliches oder ungleiches Geschlechterordnungsbild feststellen. Das ist Rückschritt und darf nicht mehr vorkommen. Wir sollten schließlich langsam mal richtig und fortschrittlich handeln und genau das wird auch bald geschehen. Mit Ihrem Wissen kann man Sie schon mal in Zukunft nicht mehr für dumm verkaufen. Je mehr Menschen sich der doch recht einfachen Wahrheit bewusst werden, desto sicherer werden wir in Zukunft auch die richtigen Entscheidungen treffen.

Bringen Sie keine Devisen in Länder, in denen aus was für Gründen auch immer die Wahrheit unterdrückt wird. Das heißt auch, machen Sie dort keine Ferien. Setzen Sie sich zumindest in Wort und Geist für die Pressefreiheit in Ihrem Land und weltweit ein. Die Möglichkeit, objektiv informiert zu werden, ist nämlich eine der großen Errungenschaften der freien Menschheit. Auf diese Freiheit haben es vor allem einige hochrangige Politiker und Wirtschaftsführer abgesehen, welche durch das Verbreiten von Wissen und Wahrheit ihre persönlichen Interessen gefährdet sehen. Mit Hilfe von Social Media haben sie es schon geschafft, das Wort "Lügenpresse" zu etablieren und somit den Wahrheitsgehalt der gesamten journalistischen Berichterstattung in Frage gestellt. Also verbringen Sie und vor allem Ihr Nachwuchs nicht zu viel Zeit mit den "sozialen Medien", die wirken sonst nämlich eher wie unsoziale Medien. Zudem fallen nirgends mehr unsinniger Quatsch und dümmliche Verschwörungstheorien auf fruchtbareren Boden als dort. Und das wiederum machen sich Menschen zunutze, welche nicht wollen, dass Sie etwas wissen.

Und nun zur weiteren Vorgehensweise, welche es uns auf einfachem Wege ermöglicht in einem möglichst kurzem Zeitraum die nahezu gesamte Menschheit mit diesem Wissen zu versehen. Geben Sie den Menschen, die Sie am meisten schätzen, auch die Möglichkeit, sich die Wahrheit anzueignen. Mit Ihrem Partner können Sie zum Beispiel zusammen das bis jetzt vorhandene Wissen erlernen und weiterhin auf diesem nahezu unendlichen Gebiet forschen. Ich verspreche Ihnen: Das ist ein wirklich absolut überaus interessantes Abenteuer. Da wären dann schon zwei, für welche Eigenverantwortung kein Fremdwort mehr ist. Dass Sie mit Ihrem Partner dieses und die anderen Bücher teilen, ist auch selbstverständlich. Nun bedarf es nur noch einer kleinen guten Tat Ihrerseits, um in einem wirklich kurzen Zeitraum nahezu alle anderen Erdbewohner mit - jetzt auch Ihrem Wissen - zu versorgen. Ich vertraue fest auf Sie und zeige Ihnen gerne, was Sie *wirklich zu bewirken im Stande sind.*

Allein, als einzelne Person, werden Sie selbst als sehr mächtiger Mensch nur schwerlich in dazu in der Lage sein, einen gewaltigen Teil der Menschheit mit notwendigem Wissen zu versorgen und damit positive Veränderungen in einem nützlichen Zeitraum herbei zu führen. Wir, Sie und ich, sind aber keine einzelne Person. Wir sind schon zwei.

Ihre gute Tat ist weder sehr anstrengend und sie ist auch nicht sehr kostspielig. Diese auszuführen ist aber *überaus wichtig, und darum beginnen jetzt mit ihr.* Schreiben Sie auf den untenstehenden beiden Linien je einen Namen (also zwei) auf, und zwar den Namen des guten Freundes oder einer Freundin oder des/der guten Bekannten. Wählen Sie aber einfach dazu *keine* religiös übermotivierten Menschen.

_____

Freund/in oder Bekannte/r der/die in Ihrer Nähe lebt

_____

Freund/in oder Bekannte/r der/die weit von Ihnen entfernt lebt

Diese zwei Namen. Das war der erste von drei Schritten. Die anderen beiden sind nicht wirklich sehr viel schwerer. Bestellen Sie einfach zwei dieser Bücher. Ja, Sie haben schon eins. Das sollen Sie aber auch behalten, für die Personen in Ihrem Haushalt. Und natürlich auch zum nochmal für Sie selbst zum nachlesen. Das ist Schritt Nummer zwei.

Lassen Sie den oben eingetragenen Personen in den nächsten zwei Tagen die Bücher zukommen mit der Bitte, diese innerhalb der nächsten Woche zu lesen. Fertig, Das war Schritt drei, der schon letzte Ihrer guten Tat.

Aber was geschieht nun?
Wenn Sie das zu tun im Stande sind, machen Sie es. Machen Sie es genau so. Sie haben dann die Welt zu einer besseren gemacht. Zu einer viel besseren. Lebenswert für all Ihre Nachkommen und für Sie selbst. Sie verteilen nämlich das notwendige Wissen, welches eine bessere Welt verursacht, auf die gesamte Menschheit. Und das mit dem Einsatz von nicht einmal 15 Euro (inkl. Vesandkosten) und einem Zeitaufwand von vermutlich maximal einer halben Stunde.

Ich habe zwei Büchlein versendet. Sie schaffen das auch. Somit haben, in spätestens zehn Tagen, schon sechs Leute das absolut notwendige Wissen.

In zwanzig Tagen kommen durch die zwei von Ihren zwei Bekannten und die zwei von meinen zwei Bekannten versendeten Büchern acht Menschen hinzu. Diese acht versenden jeweils wiederum zwei Bücher- also verdoppelt sich die Zahl der *neu Informierten* auf sechszehn. Die nun aufgeführte Rechnung bezieht sich zur Vereinfachung nur auf die *neu* informierten Menschen. Um die Gesamtzahl aller informierten mit dem Wissen versorgten Menschen auszurechnen, müssen Sie jeweils die der zuvor Informierten natürlich dazu zählen. In Zahlen ist das jetzt vermutlich etwas einfacher.
Sie sind in dieser Rechnung der erste Mensch, der das Wissen hat und an andere weiter gibt.

Informierende	Neu Informierte	Tag (ab Heute)
1	2	0
2	4	10

Informierende	Neu Informierte	Tag (ab heute)
4	8	20
8	16	30
16	32	40
32	64	50
64	128	60
128	256	70
256	512	80
512	1024	90
1024	2048	100
2048	4096	110
4096	8192	120
8192	16384	130
16384	32768	140
32768	65536	150
65536	131072	160
131072	262144	170
262144	524288	180

Nach nicht einmal einem halben Jahr nun mal eine kurze Zwischenbilanz: 524288 Menschen, welche nur während der letzten zehn Tage durch *Sie* mit dem Wissen versehen wurden, welches uns allen eine lebenswerte und sehr schöne Zukunft ermöglicht. Die Rechnung ist aber noch nicht ganz fertig. Wir müssen auch die zuvor Informierenden noch zusammenzählen (linke Spalte). Das mache ich noch, gibt genau 524286 - ohne Sie. Wir wollen ja nur die von Ihnen mit Wissen versehenen Menschen errechnen.

$$524286$$
$$+\ 524288$$
$$=1048574\ldots\text{über eine Millionen.}$$

Nochmals einhundertdreißig Tage später sind dreihundertzehn Tage, also nur wenig über 10 Monate vergangen, nachdem Sie Ihre kleine, aber auch überaus wichtige gute Tat begangen haben. Sie haben zwei Bücher versendet. Gratulation!
Jetzt hat jeder Mensch auf der Erde eins.

Wenn Sie es nicht "glauben" rechnen Sie es doch einfach nach…

Es liegt also wirklich an Ihnen. Es kommt nicht auf irgend jemand anderen an. Auch nicht darauf, ob Ihre gute Bekannte im Nachbarort oder Ihr Freund im achthundert Kilometer entfernten Hinterobersdorf, welche von Ihnen ein Buch bekommen haben, auch wirklich wiederum zwei Bücher versenden werden.
Aber trauen Sie das den beiden doch einfach zu, da Sie es ja auch schaffen werden. Denn erstens ist es nicht besonders schwer und zweitens auch deren vermutlich effektivster Beitrag für eine bessere Welt.
Jetzt sollten wir uns noch ein paar andere Sachen schnell ansehen. Das so verbreitete Wissen wird es erstmals möglich machen, all unsere gemachten Erfahrungen zwischen den Geschlechtern ehrlich und verständlich auszutauschen. Wir werden durch die Vereinigung dieser Erfahrungen in der Lage sein, unser geistiges Potential wesentlich besser zu nutzen. Bessere Lösungen im Bezug auf banale, familiäre und zwischenmenschliche Unstimmigkeiten bis hin zu globalen Konflikten werden endlich wahrgenommen und umgesetzt. Wir müssen weg von der veralteten Evolutionsstufe. Die ist schon lange genug für einen grossen Teil der Menschheit ungemütlich und wird für unsere Nachkommen sehr bald unerträglich werden.

Umgang mit unserer Umwelt

Die größten Herausforderungen, mit denen wir uns in naher Zukunft auseinandersetzen müssen, hat die Menschheit sich selbst zuzuschreiben. Neben der absoluten Fehlinterpretation in Bezug auf das Wesen unseres Schöpfers oder wie immer Sie es auch nennen wollen, haben wir bis heute eine ebenso verschrobene Beziehung zu unserem Planeten und dessen unmittelbare Umgebung geführt.

750000 Teile Weltraumschrott tummeln sich inzwischen im Orbit auf ihrer Erdumlaufbahn. Auf den Weltmeeren werden gigantische, schwimmende Müllinseln Tag für Tag größer. Um inzwischen zwei geborstene Kernkraftwerke haben wir uns noch nahezu Ewigkeiten zu sorgen.

Fast 8 Milliarden Menschen leben nun hier, viel mehr geht nun wirklich nicht. Durch den Klimawandel werden nachweislich mehr Naturkatastrophen ausgelöst. Wir sollten uns nichts vormachen. Auch da besteht dringender Handlungsbedarf. Es gibt aber immer noch viele Politiker und Konzernleitende die behaupten, dass diese Zusammenhänge gar nicht erwiesen wären, um so zum Beispiel einer absolut notwendigen Reduzierung des derzeit vorhandenen Schadstoffausstoßes entgegenzuwirken. Solche Aussagen sind eine Frechheit gegenüber einem jeden vernünftigen Menschen.

Gerade dieses Beispiel zeigt deutlich auf, für wie naiv der normale, mittelständische Mensch von Leuten auf Politischen Führungsebenen eingeschätzt wird. Nun ja, wenn der Mittelstand auch noch immer an einen zornigen, bärtigen Riesen im Himmel glaubt...

Lassen Sie sich nicht belügen. Es muss auch hier ein Umdenken stattfinden. Geben Sie Ihr Wissen auch in dieser Beziehung wahrheitsgemäß an die nächste Generation und Ihr Umfeld weiter. Mit ein paar kleinen Änderungen und Verhaltensregeln im Sinne unserer Erde, die sich jeder am besten selbst auferlegt, werden wir auch das meistern. Denn Wissen haben wir wirklich inzwischen genügend gesammelt, um umweltverträglich auf unserem Planeten zu leben.

Costa Rica ist zurzeit ein gutes Beispiel für ein Land, welches sagenhafte 100% Strom aus erneuerbaren Energien bezieht. Und auch sonst ist der kleine Staat auf der Landbrücke zwischen Nord- und Südamerika ein Vorbild in Sachen Umgang mit seiner Umwelt. Wie gesagt, das ist nur ein Beispiel, aber eines von vielen. Und das bedeutet auch: Es ist eigentlich in fast allen Bereichen genügend Wissen vorhanden. Auf jeden Fall genug, um es besser oder sogar richtig zu machen.

Eine neue Welt

Was wird geschehen? Was passiert, wenn ein großer Teil der Menschheit das Wissen nutzt und nicht mehr nur glaubt? Dann ist sich logischerweise ein großer Teil der Menschheit einig, *vor allen Dingen Mann und Frau*. Somit werden vernünftige und vor allem ehrliche, wissende Politiker als Führungskräfte in allen Regionen der Welt ausgewählt. Heute noch sind es eher die besseren Schauspieler. Wenn sich ein großer Teil der Menschheit einig ist, werden sich zudem die meisten anderen anschließen. Außer die, die nichts wissen und stattdessen nur weiter glauben wollen. Diese werden dann allerdings zwangsläufig aussterben, da sie den nächsten Schritt in der Evolution dummerweise verpasst haben.

Kriegerische Auseinandersetzungen gehören der Vergangenheit an. Ein friedliches Zeitalter beginnt.

Die Weltbevölkerung wird automatisch zurückgehen, da jedes Paar von sich aus ein bis maximal zwei neue Menschlein auf die Beine stellt und diese mit all seinem Wissensschatz versorgt. Mit spannenden Wahrheiten aus der Welt des Sichtbaren und des Unsichtbaren. Eine schöne Kindheit für alle Kinder dieser Welt, liebevoll aufgezogen, von absolut verantwortungsbewussten, gleichgestellten Müttern und Vätern.

Was wird daraufhin zur Realität? Lassen Sie uns ein wenig in die Zukunft blicken…

Die Erderwärmung hat sich nicht zur weltweiten Katastrophe ausgedehnt, da notwendigerweise weltweit die Klimaschutzbestimmungen ausgeweitet wurden und auch von allen Ländern eingehalten werden. Wie gesagt, vom Wissen her waren wir ja schon so weit, es mussten nur noch alle Menschen erfahren und dann umsetzen. Die damals bekanntesten Forscher der Welt hatten Gott sei Dank mit ihren Befürchtungen nicht Recht behalten. Unser Planet wurde nicht innerhalb weniger Jahrhunderte unbewohnbar und somit mussten wir auch nicht zwingend die Erde verlassen. Leicht war es allerdings nicht, uns von unseren aufgehäuften Altlasten zu befreien. Das war aber möglich, weil die ganze Menschheit zum ersten Mal geschlossen hinter ihrer Aufgabe und für ihre Zukunft stand. Da wir auch danach so einiges richtig gemacht hatten, müssen wir uns heute nicht einmal übermäßig einschränken. Es ist sogar mehr als genug da für alle.

Nachtrauern tun die Menschen der alten Welt nicht. Wir haben unser damaliges, heute im Rückblick fast unbegreifliches Verhalten abgelegt und übernehmen gerne Verantwortung. Es gibt ja auch noch einiges zu tun und vor allem zu erforschen.

Jeder Mensch kann überall hin auf der Erde. In jedes andere Land. Wichtiger ist allerdings, dass niemand mehr aus seiner Heimat fliehen muss. Viele Bräuche haben sich aber noch gehalten. Das ist das Einzige, was noch von den Religionen übrig geblieben ist, das ist aber auch kein Problem, denn so ein geschmückter Tannenbaum tut ja niemandem weh. Zudem glaubt kein Kind mehr daran, dass die Geschenke darunter von einem "Christkind" gebracht werden.

Mit unserem militärischen Wissen von früher und weiterer Forschung ist es uns zudem gelungen, ein zuverlässiges Abwehrsystem für Bedrohungen aus dem Weltall wie Asteroiden und Kometen aufzubauen. Das war wirklich im Moment etwas einfacher, als auf andere Planeten umzusiedeln, wo die Gefahr einer Kollision mit diesen Himmelskörpern ebenfalls nicht ausgeschlossen ist.

Die damaligen "Tempel der Gläubigen" werden weltweit für die weitere Erforschung der anscheinend unsterblichen Seele und deren Zusammenspiel mit unserer Quelle genutzt. Von Forschenden jedes Geschlechts natürlich, da selbstverständlich alle Menschen den gleichen Stellenwert haben. Gelehrt wird dort auch unseren Kindern die Geschichte der Menschheit. Diesbezüglich zu reden gibt immer noch am meisten der so genannte Stillstand der seelisch-geistigen Evolution, welcher doch wahrhaftig weit über 2000 Jahre andauerte, da die meisten Menschen damals absolut keine Verantwortung im wichtigsten Bereich ihres Lebens übernehmen wollten.
So etwas Ähnliches wie Hochzeiten finden hier übrigens auch statt. Sind ja vielmals ganz schöne, uralte Gebäude, erbaut mit dem Blut und dem Geld unserer Vorfahren. Haben es mal verdient, dass jetzt immer etwas Erfreuliches in ihnen stattfindet. Früher war es ja leider vorwiegend die Verdummung der Menschheit. Sogenannte Geisteskrankheiten sind übrigens sofort nach dem Wandel um einen Großteil zurückgegangen, diese Entwicklung schreibt man

allein der reinen menschlichen Erkenntnis um ein liebevolles Gotteswesen zu.

Ich hoffe, dass Ihnen diese neue Welt gefällt. Doch, möglich ist es. Sogar sehr wahrscheinlich, wenn Sie Ihre kleine, gute Tat in den nächsten zwei Tagen begehen. Und dann mit den anderen informierten Menschen über das Wissen reden, damit wir weitere spannende Erkenntnisse erlangen.

Eine friedliche Kettenreaktion steht am Anfang dieser neuen Welt.

Jede Reise beginnt mit dem ersten Schritt.

(Laotse)